coleção fábula

a cidade das colunas

alejo carpentier
ensaio

paolo gasparini
fotografias

samuel titan jr.
tradução e notas

editora■34

a cidade das colunas

1.

"O aspecto de Havana, à entrada do porto", escrevia Alexander von Humboldt nos primeiríssimos anos do século passado, "é dos mais risonhos e pitorescos que se pode desfrutar no litoral da América equinocial, ao norte da linha do Equador. O lugar, celebrado pelos viajantes de todas as nações, não tem o luxo de vegetação que orna as margens do rio de Guaiaquil nem a selvagem majestade das costas rochosas do Rio de Janeiro, portos do hemisfério austral; mas a graça que, em nossos climas, embeleza as cenas da natureza cultivada, mistura-se aqui à majestade das formas vegetais, ao vigor orgânico que caracteriza a zona tórrida. Em meio a essa mescla de impressões tão suaves, o europeu esquece o perigo que o ameaça no seio das cidades populosas das Antilhas e põe-se a discernir os elementos diversos de uma vasta paisagem, a contemplar as praças-fortes que coroam os rochedos a leste do porto, a laguna interior, cercada de aldeias e fazendas, as palmeiras que se elevam a uma altura prodigiosa, a cidade como que ocultada por uma floresta de mastros e pelo velame dos navios." Mas o amigo de Goethe acrescenta, duas páginas adiante, a propósito da *calle* Mercaderes: "Aqui, como em nossas cidades europeias mais antigas, o mal traçado das ruas só se deixa corrigir com lentidão".[1]

---

1. Carpentier cita trechos do *Essai politique sur l'île de Cuba*, publicado por Alexander von Humboldt em 1825-26. [N.T.]

Urbanismo, urbanistas, ciência da urbanização. Ainda nos lembramos das declinações que se faziam da palavra *urbanismo*, em grossos caracteres retintos, nos já clássicos artigos que publicava Le Corbusier, há mais de quarenta anos, nas páginas de *L'Esprit Nouveau*. Tanto se falou de urbanismo desde então, que acabamos por acreditar que jamais houve, antes, uma visão urbanística ou ao menos um instinto de urbanismo. Humboldt queixava-se, em sua época, do mal traçado das ruas de Havana. Mas cabe indagar, hoje, se não se ocultava uma grande sabedoria nesse *mal traçado* que parece ditado pela necessidade primordial — tropical — de brincar de esconde-esconde com o sol, subtraindo-lhe superfícies, arrancando-lhe sombras, fugindo de seus tórridos anúncios de crepúsculos por meio de uma engenhosa multiplicação daquelas *esquinas de frade*[2] ainda hoje muito apreciadas na cidade velha, que foi *intramuros* até o começo deste século.[3] Houve, ademais, muito reboco — em açafrão escuro, azul-sépia, castanho claro, verde-oliva — até esse mesmo começo de século. E agora, quando foi relegado às vilas de província, começamos a entender que talvez esse reboco fosse uma forma de *brise-soleil*, neutralizador de reverberações, como também o foram, durante tanto tempo, os *medios puntos* de policromática cristaleria *criolla*, que voltamos a encontrar, como constantes plásticas definidoras, na pintura de Amelia Peláez ou René

---

2. No original, *esquina de fraile*, expressão corrente em Cuba e na península de Yucatán: esquina ou construção de esquina bem sombreada e arejada, em geral orientada para o norte e o leste; em seu clássico *Contrapunteo cubano del tabaco y el azúcar* (1940), Fernando Ortiz escreve: "e em Cuba ainda chamamos esquina de frade à que tem mais brisa, atestando assim o amor dos frades à comodidade pagã e ao frescor profano". [N.T.]

3. A demolição das muralhas coloniais de Havana teve início em 1863 e se prolongou até os primeiros anos do século XX. [N.T.]

Portocarrero.[4] Talvez fossem mal traçadas as ruas de Havana visitadas por Humboldt. Mas as que chegaram até nós, por mais mal traçadas que tenham parecido, brindam-nos com uma impressão de paz e de frescor que dificilmente encontraríamos onde os urbanistas conscientes exerceram sua ciência.

A cidade velha, outrora chamada *intramuros*, é cidade de sombras, feita para a exploração das sombras — ela mesma sombra, quando a pensamos em contraste com tudo o que foi germinando e crescendo para os lados do oeste, desde o começo deste século, em que a superposição de estilos, a renovação de estilos, bons e maus, antes maus que bons, foi criando em Havana esse *estilo sem estilo* que, a longo prazo, por obra de simbiose, de amálgama, erige-se num barroquismo peculiar que faz as vezes de estilo, inscrevendo-se na história dos comportamentos urbanísticos. Porque, pouco a pouco, a partir do garrido, do misturado, do que foi se encaixando entre realidades distintas, foram surgindo as constantes de uma feição geral que distingue Havana de outras cidades do continente.

---

4. Carpentier foi próximo dos pintores Amelia Peláez (1896-1968) e René Portocarrero (1912-1985), escreveu em mais de uma ocasião sobre ambos e torna a mencioná-los indiretamente no penúltimo parágrafo de *A cidade das colunas*, quando fala de "certas características da pintura cubana contemporânea". [N.T.]

2.

No princípio foi o mestre de obras, o homem do prumo e da argamassa, cuja precoce passagem ao Novo Mundo consta dos registros de *Pasajeros a Indias de la Casa de la Contratación de Sevilla*. (Seis deles já haviam passado a Santo Domingo, antes que tivesse início a colonização de Cuba.) Daí que, independentemente daquela Havana anterior a Havana, erguida — segundo se diz — por uns quantos colonos às margens do rio Almendares, seja preciso buscar o verdadeiro núcleo gerador da cidade naqueles humildes e graciosos vestígios que ainda perduram num dos pátios do antigo Convento de Santa Clara, perto das clássicas tabernas pecaminosas do porto, na forma de um pequeno mercado, de um banho público e de uma fonte municipal que, apesar de sua modéstia, manifesta uma evidente nobreza de fatura. Trabalho, todo ele, de mestres de obras, como aquela Casa do Marinheiro, mais ambiciosa, que ainda se pode ver, pouco distante do que, em outros tempos, foi ágora entre mangues, praça entre matagais, e que, ao ser revelada ao público, nos dias de nossa adolescência, depois de longa reclusão imposta pela envolvente expansão de um monastério de clarissas, ainda ostentava um apagado letreiro que a identificava como a Casa do Pão.[5]

Nosso propósito não é — cabe advertir de saída — fazer um resumo histórico da arquitetura cubana, obra que exigiria todo um aparato erudito, mas sim tomar o leitor pela mão e conduzi-lo a certas *constantes*

---

5. Carpentier refere-se à Casa del Marino, construção autônoma que viria a ser incorporada ao Convento de Santa Clara; quanto à Casa del Pan, situada diante do convento, o autor presume que fora uma padaria antes de ser restaurante popular: em 1922, quando Carpentier publicou um de seus primeiros artigos sobre Havana ("Tras los vetustos muros del Convento de Santa Clara surge la ciudad antigua del romance y la leyenda", *El País*, 16 de outubro de 1922), o lugar atendia pelo nome de Mesón del Tío Paco ou Mesón del Andaluz. [N.T.]

que concorreram para conferir um estilo próprio, inconfundível, a essa cidade aparentemente *sem estilo* (se nos atemos às noções acadêmicas a respeito) que é Havana, e daí passar à visão de *constantes* que podem ser consideradas como especificamente cubanas, em todo o âmbito da ilha. No começo foi o mestre de obras. Mas as casas começaram a crescer, mansões maiores fecharam o traçado das praças, e a coluna — que já não era a mera pilastra dos conquistadores — apareceu na urbe. Era uma coluna interior, gracilmente nascida em pátios sombreados, ornados de vegetações, nas quais o tronco de palmeira — veja-se com quanta eloquência foi ilustrada a imagem no soberbo pátio do convento de São Francisco — conviveu com o fuste dórico. No princípio, em casas de sólido tracejado, um tanto toscas em seu aspecto exterior, como a que se encontra diante da catedral de Havana, a coluna pareceu coisa de refinamento íntimo, destinada a sustentar arcadas interiores. E era lógico que assim fosse — salvo no que se referia à própria praça da catedral, a Praça Velha, a praça em que se erguiam os edifícios destinados à administração da ilha —, numa cidade cujas ruas eram mantidas em deliberada estreiteza, propiciadora de sombras, em que nem os crepúsculos nem os amanheceres cegavam os transeuntes, lançando-lhes luz demais no rosto. Assim, em muitos velhos palácios havaneses, em algumas ricas mansões que ainda conservaram o traçado original, a coluna é elemento de decoração interior, luxo e adorno, antes que, já no século XX, essa mesma coluna saísse à rua e criasse — mesmo em dias de decadência arquitetônica evidente — uma das mais singulares constantes do estilo havanês: a incrível profusão de colunas, numa cidade que é empório de colunas, selva de colunas, colunata infinita, última urbe a ter colunas em tal demasia; colunas que, ademais, ao sair de seus pátios de origem, foram traçando uma história da decadência da coluna através das eras. Não é preciso recordar aqui que, em Havana, um transeunte poderia sair do âmbito das fortalezas do porto e andar até os arrabaldes da cidade, atravessando todo o centro da povoação, percorrendo as antigas calçadas del Monte ou de la Reina, subindo pelas calçadas del Cerro ou de Jesús del Monte, seguindo uma só e sempre renovada colunata em que todos os estilos da coluna estão representados, conjugados ou mestiçados ao infinito. Colunas de meio fuste dórico e meio fuste coríntio; jônicas anãs, cariátides de cimento, tímidas ilustrações ou degenerescências de um Viñola[6] compulsado por todo mestre de obras que contribuiu para expandir a cidade desde o final do século passado, sem ignorar, vez por outra, a existência de certo *modern style* parisiense de começos do século ou certas ideias de arquitetos catalães — aqueles mesmos que, a começar pelos bairros residenciais e a fim de substituir os casarões arruinados de outrora por edificações *mais modernas* (há duas desse tipo, notáveis, quase belas com o passar do tempo, em esquinas da antiga Praça Velha), remedaram as pomposas inovações do estilo "Gran Vía" de Madri.

---

6. Viñola é a versão hispanizada do nome de Giacomo Barozzi da Vignola (1507-1573), arquiteto italiano, responsável por projetos como a Villa Farnese, em Caprarola, e a Igreja de Jesus, em Roma, sucessor de Michelangelo na condução das obras da Basílica de São Pedro e autor do *Tratado das cinco ordens da arquitetura* (1562), de ampla e longeva influência. Carpentier mencionava Viñola já no romance *El acoso* (ou *O assédio*), de 1956: "Ali estava o *Tratado* de Viñola, com as cinco ordens [...]". [N.T.]

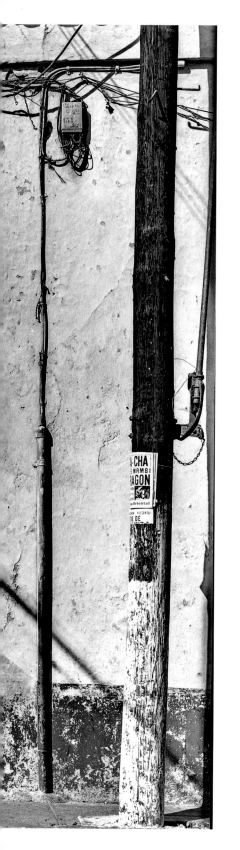

3.

Desde sempre a rua cubana foi buliçosa e falastrona, com sua litania de pregões, seus camelôs intrometidos, seus confeiteiros anunciados por sinetas maiores que o próprio tabuleiro de doces, seus carros de frutas, empenachados com ramos de palmeiras como em procissão de Domingo de Ramos, seus vendedores de quanta coisa puderam inventar os homens, tudo isso numa atmosfera de *sainete* à maneira de Ramón de la Cruz,[7] antes que as mesmas cidades engendrassem seus arquétipos *criollos*,[8] tão atrativos outrora nos cenários de peças bufas quanto, mais tarde, na vasta iconografia — mitologia — de mulatas barrocas em gênio e figura, negras espertas e comadres presunçosas, de língua em riste e traseiro idem, metidas em regateios sublimes com o quitandeiro carregado de cestas, o carvoeiro de carroça coberta como em Goya, o sorveteiro que não traz sorvete de morango no dia em que lhe sobram mangas ou aquele outro que ergue, como se fosse o Santíssimo, um mastro eriçado de caramelos verdes e vermelhos, para trocá-los por garrafas.[9]

E, por isso mesmo, porque a rua cubana é faladeira, indiscreta, zombeteira, a casa cubana multiplicou os meios para se isolar, para defender, na medida do possível, a intimidade de seus moradores. A casa *criolla*

---

7. Amigo de Goya, Ramón de la Cruz (1731-1794) destacou-se pelas centenas de *sainetes* que escreveu: comédias curtas, misturando verso e música, protagonizadas por figuras da Madri popular de seu tempo. [N.T.]

8. *Criollo* designa, na América hispânica, o descendente de europeus ou de africanos já nascido no Novo Mundo; o sentido é próximo do *créole* francês, mas em tudo distinto — inclusive por não ter conotação pejorativa — de "crioulo", em português. [N.T.]

9. Vale recordar que Carpentier dedicou todo um artigo aos pregões entoados pelos vendedores ambulantes de Havana: "Pregones habaneros", *Información*, 2 de agosto de 1944. [N.T.]

tradicional — e isso é ainda mais visível nas províncias — é uma casa fechada sobre suas próprias penumbras, como a casa andaluza, árabe, de onde lhe vem tanta coisa. Ao portão reforçado de pregos só assoma o semblante chamado pela mão da aldrava. Rara vez aparecem abertas — ou sequer entrecerradas — as janelas que dão para a rua. E, a fim de guardar maiores distâncias, a grade afirma sua presença na arquitetura cubana, com incrível prodigalidade.

Dizíamos que Havana é cidade que possui colunas em número tal que, nesse quesito, nenhuma povoação do continente poderia ultrapassá-la. Mas também seria o caso de se fazer uma imensa contagem de grades, um inacabável catálogo de ferragens, para se chegar a discernir por completo os barroquismos sempre implícitos e presentes na urbe cubana. Há, nas casas do Vedado, de Cienfuegos, de Santiago, de Remedios, a grade branca, arrevesada, quase vegetal pela abundância e o enredo de suas tiras de metal, com desenhos de liras, de flores, de vasos vagamente romanos, em meio a infinitas volutas que, em geral, emolduram as letras do nome de mulher dado ao casarão de que ela é senhora, ou senão uma data, uma historicista sucessão de datas, frequentemente — no Vedado — de um ano da década de 1870, muito embora, em algumas, seja possível remontar a cronologia da ferragem a tempos que coincidem com os anos iniciais da Revolução Francesa. Há também a grade residencial em rosáceas, em caudas de pavão, em arabescos entrelaçados, e ainda aquelas dos prodigiosos açougues — na calçada del Cerro —, enormemente luxuosos nessa ostentação de metais travados, entrecruzados, enredados em si mesmos, em nome de um frescor que, durante séculos, houve que pedir às brisas de terra e de mar. E há também a grade severa, de ornamento escasso, que se encaixa na fachada de madeira de algum cortiço, como há aquela outra que pretende singularizar-se com uma estampa gótica, enfeitar-se com floreios nunca vistos ou derivar para um estilo surpreendentemente sulpiciano. Às vezes, a grade se faz acompanhar de marmóreos leões vigilantes, de balaustradas que multiplicam um motivo de cisnes wagnerianos, de esfinges que — como as que se pode ver em Cienfuegos — respondem à mais pura estética de Mucha e da Exposição de 1900, com um indefinível sabor, a meio caminho entre os pré-rafaelitas e Oscar Wilde. Pode a grade cubana remedar o motivo caprino das grades da Casa del Greco,[10] evocar alguma moradia de Aranjuez ou alojar-se em janelas que imitam as de algum castelo às margens do Loire (e não faltam, em Cuba, nem os alcáceres mouriscos de recente edificação, nem os castelos medievais de remoçada fatura, nem as mais inesperadas alusões a Blois ou Chambord). O peculiar é que essa grade sabe se erguer em todos os degraus da escala arquitetônico-social (palácio, cortiço, residência, solar, tugúrio) sem perder uma graça que lhe é própria e que pode se manifestar, de modo inesperado, na solitária voluta de forja que arremata o ferrolho de uma porta de paupérrima e desbotada tábua.

Quando, com este século, começaram a brotar balcões nas fachadas — observe-se que, nas velhas casas coloniais, os balcões costumam ser escassos e exíguos, exceto nas que os têm com toldo e balaustrada de madeira —, emendando-se, sem solução de continuidade, de uma esquina à outra, apareceram esses elementos inseparáveis do gradil cubano que são os *guardavecinos*, dispostos a fim de deslindar as porções do aéreo mundo destinadas às estadias municipais deste ou daquele. O *guardavecinos* foi algo assim como uma fronteira

---

10. Sobre a Casa del Greco, Carpentier escrevera em "Imágenes de Toledo", *Carteles*, 1º de outubro de 1934: "Um pátio que é síntese de Toledo, com suas grades refinadamente belas, com seus capitéis refinadamente lavrados". O escritor cubano visitara a cidade um ano antes, por ocasião de uma viagem a Madri para assistir à estreia de *Yerma*, de García Lorca. [N.T.]

decorativa, disposta no limite de uma casa ou, senão, de um piso, repetindo-se nele — multiplicando-se, portanto — toda a temática decorativa que já havia nascido nas grades ao rés do chão, com o que subia e avançava o barroquismo dos elementos arquitetônicos acumulados pela cidade *criolla* no nível da rua. Nasceram ali, no alto, novas liras, novas claves de sol, novas rosáceas, remoçando-se certa arte da forja que corria risco de desaparecer com os últimos *portafaroles* (ainda restam alguns, muito bonitos e imaginosos, em Havana) que projetavam seu braço propício por cima do arco da porta maior, cujos *guardacantones*, de resto, integravam-se num mundo peculiar, contemporâneo das carruagens com rodas metálicas.[11]

Ainda restam alguns *guardacantones* nas cidades cubanas, esverdeados pelo salitre, cobertos de ferrugem, entre cujos arabescos a câmera reveladora de Paolo Gasparini descobriu um mundo inesperado, povoado de signos solares, de toscos motivos ornamentais que podem ser tomados por figurações de estrelas — vagos petróglifos que manifestam sua personalidade onde quer que sejam aplicados. Com a coluna, a grade, os *guardavecinos*, os *guardacantones* — às vezes com um adorno que arremata uma janela, um encaixe de madeira talhada, um mascarão, uma boca de gárgula na quina de um telhado —, o estilo cubano definiu-se para as ruas. Falta agora conhecer seus barroquismos interiores.

---

[11]. O mesmo elemento já chamara a atenção de José Lezama Lima em seu artigo "Hierro forjado o una noble artesanía colonial", *Diario de la Marina*, 23 de março de 1950 (recolhido em *Tratados en La Habana*, de 1958, como item de número 83 da seção "Sucesiva o las coordenadas habaneras"). A propósito dos *portafaroles* ou "suporte de lampiões" escrevia: "Sua funcionalidade se dissimula na flexibilidade e no ornamento de uma figura de sustentação; o lampião terá que pender, sustentar-se em um único ponto. Todo o ornamento e a sutil distribuição do material parecem assim cuidar desse ponto, conduzir a ele. Ponto que mantém movente e animado, flexível e como que percorrido por uma leveza retificável, todo o resto do suporte". [N.T.]

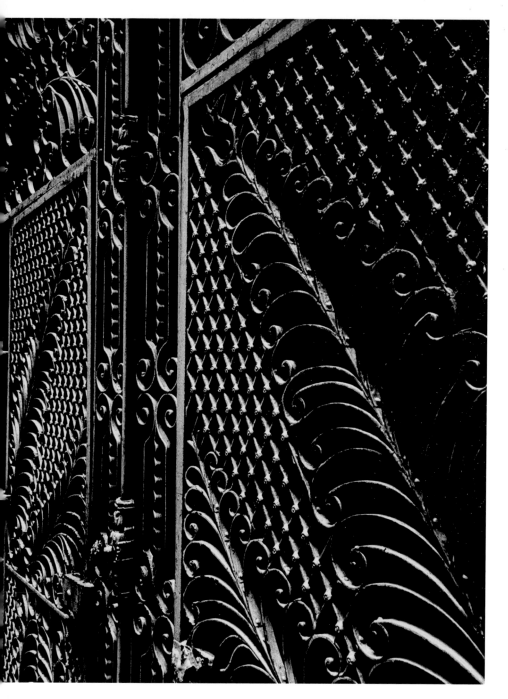

4.

Assim como os mestres de obras espanhóis cuidaram, nos dias da primeira colônia, para que as urbes desta *chave e antessala do Novo Mundo* tivessem o maior número possível de *esquinas de frade* — a ponto de ambicionar o impossível e querer que todas fossem assim, recorrendo para isso, mais de uma vez, ao ardil do cruzamento de cinco ruas —, o interior da casa cubana foi tradicionalmente, durante séculos, guardador de penumbras e convite à brisa, por obra de um engenhoso aproveitamento dos rumos desta. Não havia casa, nos dias da minha infância, onde não se soubesse perfeitamente onde ficava o *lugar da fresca*, que costumava deslocar-se de primaveras a outonos e cujo âmbito era judiciosamente aproveitado pelos moradores, os quais, como prova de amizade, revelavam tais arcanos a seletos visitantes. De resto, o *lugar da fresca* rompia com as regras correntes de urbanidade. Se o *lugar da fresca* ficava mais para lá, num canto do quintal ou perto das cozinhas, os habitantes não tardavam, após conversa protocolar no salão grande — que era sempre, como por acaso, o lugar menos fresco da casa —, a trasladar cadeiras e poltronas para ali onde, às nove horas, começava a soprar uma brisa de terra ou, em certos meses, uma "brisa de Cojímar"[12] que, por cima do porto, trazia seus alentos de chuvas distantes. Daí a obsessão em domesticar algum *lugar da fresca*, o que, por sua vez, daria origem à multiplicação das *mamparas*.

Se acudíssemos aos verbetes de um dicionário atual, formaríamos da *mampara* — "cancela móvel, feita de um bastidor de madeira, de tela ou de couro" etc. —

---

12. Cojímar é uma antiga vila de pescadores a leste de Havana, hoje incorporada à capital cubana. [N.T.]

uma ideia afinal muito diferente do importantíssimo elemento decorativo e arquitetônico que se inscreveu há séculos na residência cubana, desempenhando uma função decisiva para o estilo de vida. Pois a *mampara*, porta truncada à altura de um homem, foi durante centenas de anos a verdadeira porta interior da casa *criolla*, criando um conceito peculiar de relações familiares e, em geral, de vida em comum. A *mampara* clássica da classe média era ainda, nos dias de nossa adolescência, uma porta superposta — no que diz respeito à instalação das dobradiças — à porta real, que nunca se abria nem se fechava por inteiro, exceto em caso de doença ou morte do morador de um cômodo, ou senão quando sopravam os "nortes" de inverno. Nas residências — mas não nos comércios —, sua parte inferior era feita de madeira, ao passo que se costumava adornar a parte superior com duas peças de vidro opaco, muitas vezes decorados com decalques e rematadas, no alto, por uma moldura de madeira de desenho mais ou menos ogival, cujos braços se reuniam numa borla de madeira semelhante a uma romã. Conforme o gosto do morador, os decalques decorativos representavam braçadas de flores, pequenas paisagens ou cenas de rua humorísticas — o requebro da mulata, o marinheiro farrista, o burrico empacado —, quando não desdobravam temas geométricos (meândros, astrágalos, arabescos...) comprados por metro em alguma loja de louças bem fornida. A *mampara*, que isolava os moradores na medida necessária para que não pudessem se ver, originava, nas casas de muita prole e muita parentela, o hábito de conversar aos gritos de um extremo ao outro da moradia — para melhor informar ao vizinho sobre a minúcia das querelas familiares. O problema da "incomunicabilidade", tantas vezes tratado pelos romancistas recentes, não se fazia sentir em casas com *mamparas*, vibrantes de cristais que transmitiam qualquer pregão de rua até as últimas penumbras do pátio de arecas e manjericões.

Na moradia senhorial, ao contrário, a *mampara* era majestosa e maciça. Adornava-se de entalhes profundos, inspirados em motivos vegetais que em muito evocavam os torvelinhos de Borromini.

Nesses dias de *mamparas* vivas, expressivas, obra de um artesanato vigoroso, não se confundiam uma *mampara* de casa, uma *mampara* de colégio — algumas ostentavam um JHC ou um Santiago Apóstolo — e uma *mampara* recortadíssima na parte inferior, feita para que os transeuntes, ao passar diante de uma taberna, vissem que uma mulher da vida estava sentada ali, de ligas bem postas e pernas à mostra. Conforme o aspecto da *mampara*, sabia-se onde se estava, quem eram os donos da casa e que comportamento havia que adotar. A *mampara* participava da mobília, da decoração interior, da heráldica e mesmo da ética da casa. Estava a meio caminho entre as vegetações do pátio e aquela fronteira policromática que separava o que era penumbra e o que pertencia ao sol — o *medio punto*, elemento fundamental do barroquismo cubano.

5.

O *medio punto* cubano — enorme leque de cristais aberto sobre a porta interior, o pátio, o vestíbulo de casas cercadas de persianas, e dotado de iluminação interna, palaciana, tão-somente nos janelões altaneiros de edificações de muito aparato — é o *brise-soleil* inteligente e plástico que inventaram os mestres de obras coloniais de Cuba, por meio de sensato raciocínio, muito antes que certos problemas relacionados com a luz e a penetração da luz preocupassem, no Rio de Janeiro, um famoso arquiteto francês.[13] Mas cabe assinalar aqui, de passagem, que o *brise-soleil* de Le Corbusier não colabora com o sol; quebra o sol, rompe o sol, aliena o sol, quando o sol é, em nossas latitudes, uma presença suntuosa, muitas vezes incômoda e tirânica, é bem verdade, mas que há que se tolerar num plano de entendimento mútuo, acomodando-se a ele, domesticando-o quando possível. Mas, para entabular um diálogo com o sol, há que brindá-lo com cristais adequados. Cristais que sirvam para que o sol seja mais clemente com os homens. Daí que o *medio punto* cubano tenha sido o Intérprete entre o Sol e o Homem — o Discurso do Método em plano de inteligibilidade recíproca. Se o sol estava presente, tão presente que às dez da manhã sua realidade se fazia mais que deslumbrante para as mulheres da casa, era preciso modificar, atenuar, repartir seus fulgores: era preciso instalar, na casa, um enorme leque de cristais que quebrasse os impulsos fulgentes, convertendo o amarelo exagerado, o áureo excessivo do incêndio sideral num azul profundo, num verde-água, num laranja clemente,

---

13. Carpentier refere-se à sede do Ministério da Educação e Saúde (1937-1943), primeiro edifício em que se utilizou em escala monumental o *brise-soleil* — a lâmina de deflexão da luz solar que Le Corbusier já experimentara em projetos na Europa e na Argélia e que Carpentier já mencionava ao início deste ensaio. [N.T.]

num vermelho de granadina, num branco opalescente que desse sossego à criatura acossada por tanto sol e ressol e mais sol. As *mamparas* cubanas cresceram; abriram-se, no seu topo, os leques de cristais; e o Sol soube que, para entrar nas velhas mansões — que então eram novas —, era preciso antes tratar com a aduana dos *medios puntos*. Aí se pagavam as tarifas de importação da luz. Aí se pagavam, em prestações, as alcavalas do solar.

Mas o *medio punto* cubano, visto de modo crítico, não passa de um vitral de frações amplas, inapto para os detalhes da história, pouco propício à narração do que quer que seja. Às vezes insinua-se no *medio punto* a figuração de uma flor, de um motivo heráldico, de algum penacho barroco, mas nunca se chega à figuração. A construção plana, de cristais trespassados por um sol mitigado, domesticado, é de composição abstrata muito antes que alguém pensasse na possibilidade de um abstracionismo sistemático. Triângulos combinados, ogivas entrelaçadas, efusões de cores puras, jogos de enormes cartas distribuídas e embaralhadas em cem casas de Havana, que explicam por sua presença, ao mesmo tempo antiga e atual, certas características da pintura cubana contemporânea. A luz que essa pintura representa lhe vem de dentro. Quer dizer: de fora, do sol posto atrás da tela, posto atrás do cavalete.

Quanto aos milhares de colunas que modulam — isto é: que determinam módulos e medidas: um *modulor*...[14] — todo o âmbito de Havana, seria o caso de buscar em sua insólita proliferação uma expressão singular do barroquismo americano. Cuba não é barroca à maneira do México, de Quito, de Lima.

---

14. Carpentier alude ao *modulor*, padrão de medidas para a arquitetura criado por Le Corbusier entre 1943 e 1950, baseado inicialmente nas proporções do corpo humano e, mais tarde, na proporção áurea. [N.T.]

Havana está mais próxima, arquitetonicamente, de Segóvia e de Cádiz que da prodigiosa policromia de San Francisco Acatepec, em Cholula. Exceto por um ou outro altar ou retábulo de inícios do século XVIII em que assomam os São Jorges lanceando dragões, apresentados com o gibão festonado e o coturno até os joelhos que Louis Jouvet[15] identificava com o figurino dos heróis de Racine, Cuba não chegou a propiciar um barroquismo válido no entalhe, na pintura ou na edificação. Mas Cuba, por sorte, foi mestiça — assim como o México ou o Alto Peru. E como toda mestiçagem, por processos de simbiose, de adição, de mistura, engendra um barroquismo, assim também o barroquismo cubano consistiu em acumular, colecionar, multiplicar colunas e colunatas em tal demasia de dóricos e coríntios, de jônicos e compostos, que o transeunte acabou por esquecer que vivia entre colunas, que era acompanhado por colunas, que era vigiado por colunas que lhe mediam o tronco e o protegiam do sol e da chuva — e mesmo que era velado por colunas nas noites de seus sonhos. A Multiplicação das Colunas foi a resultante de um espírito barroco que não se manifestou — salvo exceções — no encaracolar-se de pilastras salomônicas vestidas de trepadeiras douradas, sombreadoras de nichos sacros. Espírito barroco, legitimamente antilhano, mestiço de quanta coisa se transculturou[16] nestas ilhas

---

15. Louis Jouvet (1887-1951), célebre ator e diretor teatral francês, cuja trupe atuou nas Américas ibéricas durante a ocupação nazista da França. Em 1943, Carpentier e sua esposa acompanharam Jouvet em uma viagem ao Haiti, da qual o escritor tiraria alguns dos elementos do romance *El reino de este mundo*, publicado em 1949. [N.T.]

16. O autor alude a um dos conceitos centrais do já citado *Contrapunteo cubano*, de Fernando Ortiz, para quem "a verdadeira história de Cuba é a história de suas intricadíssimas transculturações", marcadas tanto pela violência colonial e escravocrata como pelo "imenso amestiçamento de raças e culturas". [N.T.]

do Mediterrâneo americano, espírito que se traduziu numa irreverente e descompassada mistura de entablamentos clássicos para criar cidades aparentemente ordenadas e serenas, em que os ventos de ciclones estavam sempre à espreita da muita ordem, para desordenar a ordem tão logo os verões, chegando outubro, começassem a baixar suas nuvens sobre terraços e telhados. As colunatas de Havana, escoltando seus Carlos III de mármore, seus leões emblemáticos, sua Índia reinando sobre uma fonte de delfins gregos, me fazem pensar — troncos de selvas possíveis, fustes de colunas monumentais, foros inimagináveis — nos versos de Baudelaire que aludem ao *"temple où de vivants piliers laissent parfois sortir de confuses paroles"*.[17]

---

17. Carpentier cita os dois versos iniciais do soneto "Correspondances", de Charles Baudelaire: "A natureza é um templo em que colunas vivas/ deixam por vezes escapar palavras indistintas". [N.T.]

nota sobre o texto

La ciudad de las columnas foi publicado originalmente no volume de ensaios *Tientos y diferencias* (Cidade do México: Universidad Nacional Autónoma de México, 1964), acompanhado de 12 fotografias de Paolo Gasparini. Um ano antes, Alejo Carpentier escrevera um breve texto sobre as fotografias havanenses de Gasparini (*"transeúnte prodigioso"*) para o folheto que acompanhava uma exposição realizada sob os auspícios do Consejo Nacional de Cultura: *Ambiente cubano*, Galería de la Habana, 1 a 17 de março de 1963. E, seis anos depois da edição mexicana, o ensaio tornava a ser publicado, agora em formato de fotolivro e com 44 imagens do colega italiano (Barcelona: Lumen, 1970). Carpentier e Gasparini chegaram a imaginar uma sequência para o projeto a quatro mãos, sob o título de *La casa está en la calle*; um esboço sem data, datilografado, inconcluso e inédito encontra-se na Fundación Alejo Carpentier, em Havana.

Havana foi tema revisitado por Carpentier ao longo de sua carreira, ora em textos jornalísticos, ora em obras ficcionais. *La ciudad de las columnas* faz menção direta ou indireta a vários artigos publicados na imprensa cubana. Alguns exemplos: "Tras los vetustos muros del Convento de Santa Clara surge la ciudad antigua del romance y la leyenda", *El País* (Havana), 16 de outubro de 1922; "Pregones habaneros", *Información* (Havana), 2 de agosto de 1944; ou ainda "Las casas de antaño", *Información* (Havana), 9 de agosto de 1944. Muitos desses textos foram recolhidos em antologias dedicadas ao tema, como *El amor a la ciudad* (Madri: Alfaguara, 1996) ou *Crónicas habaneras* (Havana: Ediciones Boloña, 2018).

Os fios que ligam *La ciudad de las columnas* às obras de ficção escritas por Carpentier na década anterior, ainda em Caracas, são numerosos e reveladores.

As feições arquitetônicas evocadas no ensaio, por exemplo, servem de pano de fundo para as primeiras páginas de *El siglo de las luces* (concluído em 1958, mas publicado apenas em 1962), nas quais se mencionam colunas, cristais coloridos, postigos e grades dotadas de volutas "que eram como claras vegetações de ferro agarradas às janelas".[1] E a "selva de colunas" de que se fala no ensaio de 1964 é uma das imagens mais reiteradamente evocadas no romance *El acoso*, de 1956: misturadas aos estilos "californiano, gótico ou mourisco", as "avenidas, galerias, caminhos de colunas" de Havana apresentam-se em "uma desordem de ordens", com direito a "cariátides desnarigadas portando arquitraves de madeira", "capitéis cheios de pústulas arrebentadas pelo sol", "métopes nas varandas", "frisos que iam de uma ogiva a um olho-de-boi", configurando uma "verdadeira agonia das últimas ordens clássicas". O parágrafo do qual provêm estas citações termina assim:

> E onde o portal tinha sido descartado, por anseios de modernidade, a coluna ia se arrimando à parede, escorando-se nela, inútil, sem entablamento para sustentar, acabando por diluir-se no cimento que se fechava sobre o destruído.[2]

A mesma observação encontra-se em *La ciudad de las columnas*, no que é apenas uma das muitas retomadas de imagens do romance no ensaio posterior. Mas retomada não é repetição: em *El acoso*, essas imagens muitas vezes participam do clima de pesadelo persecutório que assola o protagonista do

---

1. Na tradução de Sérgio Molina, *O século das luzes* (São Paulo: Companhia das Letras, 2004); há também uma excelente tradução anterior, assinada por Stella Leonardos.

2. Citamos a recente tradução brasileira de Silvia Massimini Félix, *O cerco* (São Paulo: Companhia das Letras, 2023).

romance; em contraste, no ensaio de 1964, essa "desordem de ordens" transmuta-se em elogio do "estilo sem estilo" característico de Havana, sob o signo de um conceito sempre mais central para Carpentier: o de um "barroco americano" gerado por um longo processo de "mestiçagem", por "processos de simbiose, de adição, de mistura". Nessa reviravolta, terá sido decisiva para Carpentier não apenas a volta a Cuba, em 1959, mas também a noção de "transculturação", cunhada por Fernando Ortiz em seu *Contrapunteo cubano del tabaco y el azúcar* (Havana: Jesús Montero, 1940), obra citada indiretamente ao final de *La ciudad de las columnas*.

Mas é sobretudo no ensaio "Problemática de la actual novela latinoamericana", contemporâneo de *La ciudad de las columnas* e também publicado em *Tientos y diferencias*, que essa mesma ordem de ideias vem igualmente à tona.[3] Após se apresentar como "*transeúnte infatigable*" de Havana e observar que a dificuldade em converter as cidades latino-americanas em cenário de romance deriva do fato de que as mesmas "não têm estilo" e são "um amálgama, um arlequim de coisas boas e detestáveis", Carpentier conta uma anedota:

> Notava eu recentemente que o estilo românico não tinha representação no Vedado [em Havana]. Mas há pouco tive a alegria de tropeçar com uma tinturaria do mais puro falso estilo românico, entre Ravena e São Zeno de Verona, que se harmonizava maravilhosamente com o sibilante movimento das máquinas de passar a vapor.

É a deixa para uma mudança de tom. Se o "amálgama" antes lhe parecia "inadmissível", agora ele vai

---

3. Citado aqui conforme o texto de *Obras completas*, volume 13: *Ensayos* (Cidade do México: Siglo Veintiuno, 2004).

ganhando "encanto e graça" e se "inscreve, poeticamente, como uma das características fisionômicas da cidade". Carpentier pode então passar à ideia de uma síntese do díspare por meio da transculturação (nos termos de Ortiz) ou do barroquismo (em sua própria terminologia). As cidades do Novo Mundo ibérico são palco, há muito tempo, de

> um processo de simbioses, de amálgamas, de transmutação — no aspecto arquitetônico e no humano. Os objetos, as gentes estabelecem novas escalas de valores entre si, à medida em que vão nascendo os dentes do siso do homem americano. Nossas cidades não têm estilo. E, não obstante, começamos a descobrir agora que têm o que poderíamos chamar de um terceiro estilo: o das coisas que não têm estilo.

Pouco depois, Carpentier define esse "terceiro estilo" por via negativa: ele não pode ser fruto da "expansão de um classicismo anterior", devendo, ao contrário, surgir de

> uma nova disposição de elementos, de texturas, de fealdades embelezadas por aproximações fortuitas, de crispações e metáforas, de alusões de certas coisas a "outras coisas" que são, em suma, a fonte de todos os barroquismos conhecidos.

Por fim, o ensaio sobre o romance faz uma breve alusão às origens do *La ciudad de las columnas*: esse "terceiro estilo" costuma ser ignorado "por aqueles que o contemplam dia a dia, até que um escritor, um fotógrafo manhoso procedam à sua revelação".

— SAMUEL TITAN JR.

SOBRE A COLEÇÃO

Fábula: do verbo latino *fari*, "falar", como a sugerir que a fabulação é extensão natural da fala e, assim, tão elementar e diversa e escapadiça quanto esta; donde também falatório, rumor, diz-que-diz, mas também enredo, trama completa do que se tem para contar (*acta est fabula*, diziam mais uma vez os latinos, para pôr fim a uma encenação teatral); "narração inventada e composta de sucessos que nem são verdadeiros, nem verossímeis, mas com curiosa novidade admiráveis", define o padre Bluteau em seu *Vocabulário português e latino*; história para a infância, fora da medida da verdade, mas também história de deuses, heróis, gigantes, grei desmedida por definição; história sobre animais, para boi dormir, mas mesmo então todo cuidado é pouco, pois há sempre um lobo escondido (*lupus in fabula*) e, na verdade, "é de ti que trata a fábula", como adverte Horácio; patranha, prodígio, patrimônio; conto de intenção moral, mentira deslavada ou quem sabe apenas "mentirada gentil do que me falta", suspira Mário de Andrade em "Louvação da tarde"; início, como quer Valéry ao dizer, em diapasão bíblico, que "no início era a fábula"; ou destino, como quer Cortázar ao insinuar, no *Jogo da amarelinha*, que "tudo é escritura, quer dizer, fábula"; fábula dos poetas, das crianças, dos antigos, mas também dos filósofos, como sabe o Descartes do *Discurso do método* ("uma fábula") ou o Descartes do retrato que lhe pinta J.B. Weenix em 1647, de perfil, segurando um calhamaço onde se entrelê um espantoso *Mundus est fabula*; ficção, não ficção e assim infinitamente; prosa, poesia, pensamento.

PROJETO EDITORIAL Samuel Titan Jr./PROJETO GRÁFICO Raul Loureiro

SOBRE OS AUTORES

ALEJO CARPENTIER nasceu em Lausanne, em 1904, filho de pai francês e mãe russa, mas cresceu entre a recém-independente Cuba, para onde seus pais emigraram pouco depois de seu nascimento, e a França, onde fez parte de seus estudos secundários. Em 1920, começou a estudar Arquitetura em Havana, mas já no ano seguinte abandonava os estudos universitários para se dedicar ao jornalismo, à vida artística e à militância política contra o regime machadista. Em 1928, implicado em um levante político, fugiu para Paris com a ajuda do poeta surrealista Robert Desnos. Viveu na capital francesa até 1939, mergulhando na vida musical (quando se fez próximo, entre outros, de Darius Milhaud e Heitor Villa-Lobos), participando do movimento surrealista e travando uma amizade importante com outros dois escritores das Américas, o venezuelano Arturo Uslar Pietri e o guatemalteco Miguel Ángel Asturias. Ainda em Paris, terminou seu primeiro romance, ¡Ecué-Yamba-Ó! (1933). De volta a Cuba, começou a escrever um longo ensaio sobre *A música em Cuba*, publicado no México em 1946; em 1943 fez uma viagem decisiva pelo Haiti, na companhia do diretor de teatro francês Louis Jouvet, quando teria começado a dar forma à noção de "*lo real maravilloso*"; e em 1944 publicou em Havana *Viagem à semente*. Em 1945, porém, voltou a exilar-se por razões políticas, dessa vez na Venezuela, onde viveu alguns dos anos mais produtivos de sua existência. Em Caracas, escreveu *O reino deste mundo* (1949), *Os passos perdidos* (1953), *O cerco* (1956), *Guerra do tempo* (1958) e sua obra-prima, *O século das luzes*, concluída em 1958, mas publicada apenas em 1962. Em 1959, com o triunfo da revolução, voltou a Cuba, onde desempenhou diversas funções oficiais, em especial junto à Editora Nacional e ao Conselho Nacional de Cultura. Em 1964, publicou no México o volume *Tientos y diferencias*, que inclui o ensaio sobre *A cidade das colunas*. Em 1966, voltou à França como diplomata vinculado à embaixada cubana em Paris. Ao longo da década e meia que viveu ali, publicou notadamente *Concerto barroco* (1974), *O recurso do método* (1974), *A sagração da primavera* (1978) e *A harpa e a sombra* (1979). Em 1978, recebeu o Prêmio Cervantes. Alejo Carpentier faleceu em Paris, vítima de câncer, em 24 de abril de 1980. Seus restos mortais foram transportados para Cuba e inumados no cemitério Colón, em Havana.

O ítalo-venezuelano PAOLO GASPARINI nasceu em Gorizia, perto de Trieste, em 1934. Começou a fotografar ainda em sua cidade natal, marcado pelo contato com a obra de Paul Strand e o cinema neorrealista italiano. Nos passos do irmão Graziano, arquiteto que se instalara em Caracas, partiu em 1954 para a Venezuela, país onde vive até hoje. Pouco depois de sua chegada, iniciou uma atividade intensa junto à imprensa local e à geração de arquitetos venezuelanos encabeçada por Carlos Raúl Villanueva. Em 1961, entusiasmado com a Revolução Cubana, transferiu-se para o país caribenho, onde permaneceu até 1965, trabalhando sobretudo com o escritor Alejo Carpentier; dessa colaboração nasceram as fotos que ilustram este livro, publicadas inicialmente em número reduzido junto aos ensaios reunidos por Carpentier em *Tientos y diferencias* (1964) e, mais tarde, em seleção mais generosa no livro *A cidade das colunas* (1970). Exceto por um breve período de volta à Itália, Gasparini realizou o essencial de sua obra na Venezuela e na América Latina, fosse em meio a grandes projetos de documentação social, urbana e política do continente, fosse no âmbito do fotolivro, gênero em que assinou obras importantes como *Para verte mejor, América Latina* (1972), *Retromundo* (1986), *Megalópolis* (2000), *El suplicante* (2010), *Karakarakas* (2014) ou *Fotollavero mexicano* (2021).

SOBRE O TRADUTOR

SAMUEL TITAN JR. nasceu em Belém, em 1970. Estudou Filosofia na Universidade de São Paulo, onde leciona Teoria Literária e Literatura Comparada desde 2005. Tradutor de diversos títulos da coleção Fábula, também organizou com Davi Arrigucci Jr. uma antologia de Erich Auerbach, *Ensaios de literatura ocidental*, publicada pela Editora 34 em 2007.

SOBRE ESTE LIVRO

Alejo Carpentier, *A cidade das colunas*, São Paulo, Editora 34, 2024 TÍTULO ORIGINAL *La ciudad de las columnas* © Alejo Carpentier, 1970 e Fundación Alejo Carpentier, 2024 FOTOGRAFIAS © Paolo Gasparini, 2024 TRADUÇÃO E NOTAS Samuel Titan Jr. PREPARAÇÃO Andressa Veronesi REVISÃO Giselle Lazzari, Rafaela Biff Cera PROJETO GRÁFICO Raul Loureiro ESTA EDIÇÃO © Editora 34 Ltda., São Paulo; 1ª edição, 2024. A reprodução de qualquer folha deste livro é ilegal e configura apropriação indevida dos direitos intelectuais dos autores e do editor. A grafia foi atualizada segundo o Acordo Ortográfico da Língua Portuguesa de 1990, que entrou em vigor no Brasil em 2009.

Os editores agradecem a Milton Hatoum (São Paulo), pela sugestão deste livro, e a Carmen Araújo (Caracas), pelo apoio inestimável.

CIP — Brasil. Catalogação-na-Fonte
(Sindicato Nacional dos Editores de Livros, RJ, Brasil)

Carpentier, Alejo, 1904-1980
A cidade das colunas / Alejo Carpentier;
fotografias de Paolo Gasparini; tradução e notas
de Samuel Titan Jr. — São Paulo: Editora 34,
2024 (1ª Edição).
80 p. (Coleção Fábula)

ISBN 978-65-5525-199-9

1. Ensaio cubano. 2. Havana, Cuba — Arquitetura
e urbanismo. I. Gasparini, Paolo. II. Titan Jr., Samuel.
III. Título. IV. Série.

CDD — 864CU

TIPOLOGIA Waulbaum PAPEL Garda Premium Natural 150 g/m² IMPRESSÃO Ipsis Gráfica e Editora, em agosto de 2024 TIRAGEM 2.000 exemplares.

EDITORA 34

Editora 34 Ltda. Rua Hungria, 592
Jardim Europa CEP 01455-000
São Paulo — SP Brasil
Tel/fax (11) 3811-6777
www.editora34.com.br